Förlag: BoD – Books on Demand, Stockholm, Sverige
Tryck: BoD – Books on Demand, Norderstedt, Tyskland
ISBN: 978-917-851-934-7

Till Mamma

1955-12-26 – 2015-05-11

Tack Till

Jessica Sjöqvist som varit ett bollplank och en stöttepelare,
Erik Larsson, Andreas Ohlsson och
Nakadai Sundström för idébollandet.
Sist men inte minst min pälsbäbis Biggie
för hans ovillkorliga kärlek och oändliga pepp.

Era insatser höjde boken flera nivåer

Jannes Tid Kommer

En överlevnadsguide för brutna själar

Korrektur:
Jessica Sjöqvist
Nakadai Sundström
Andreas Ohlsson

Foto:
Erik Larsson

Formgivning och redigering:
Nakadai Sundström

Innehåll

Förord

Den här boken är inte baserad på forskning eller vetenskap. Boken kommer inte att ge dig några obestridliga svar eller sanningar. Det finns så många andra som är bra på det. Min förhoppning är i stället att boken ska förmedla hopp och insyn. Jag kommer att ha mina egna erfarenheter som grund. I de fall jag slänger mig med statistik kommer jag ange källan inom parenteser eller i den löpande texten.

Eftersom ordet självmord antyder att det är en överlagd handling och "mord" indikerar på uppsåt kommer jag genomgående utgå från begreppet "suicid" i olika former. Jag kommer att komma in på varför jag anser att suicid inte är att betrakta som något man "utför med uppsåt".

Psykisk ohälsa är ett tabubelagt folkhälsoproblem. Enligt Folkhälsomyndigheten drabbas cirka 20 procent av Sveriges befolkning någon gång av psykisk ohälsa. Antalet som dör i suicid varierar något, beroende på vilka faktorer som räknas med. Siffran för bekräftade döda ligger runt 1 200 personer. Men man konstaterar även att det finns ett mörkertal. Efter att ha kartlagt en människas bakgrund och historik av kontakter med vården kan det vara så att exempelvis trafikolyckan egentligen kan betraktas som medveten. Då hamnar siffran på cirka 1 500 döda (Suicide Zero).

För mig klingar termer som "valde att begå självmord" och "valde att ta sitt liv" illa. Om något ska vara ett val måste man se alternativen. Jag har själv varit nära att dö i suicid. Då fanns det inga alternativ. Livslusten var borta och mörkret var kompakt.

Jag vill berätta min historia och min väg tillbaka. Vi är många som mår pissdåligt. När du läser mina ord hoppas jag att du någonstans kan känna att du inte är konstig eller så ensam som du känner dig. Det finns hjälp och vägar ut. Att våga prata om psykisk ohälsa räddar liv.

Som anhörig eller vän till någon som står på avgrundens kant kan det vara väldigt frustrerande att inte veta vad man ska göra eller säga. Jag hoppas kunna ge användbara råd även till er. Ge er insikt i hur det kan kännas på livets botten. En bra utgångspunkt är att du inte behöver veta vad du ska säga. Lyssna på den som mår dåligt. Var ett stöd. Du behöver inte gå in och jobba lösningsfokuserat. Låt personen bara må dåligt. Visa att det är okej att prata om psykisk ohälsa i allmänhet och i värsta fall, om suicidtankar. Var inte rädd. Det kan inte bli fel. Däremot ska du känna din egen gräns. Blir det för mycket så ska du ta den som mår dåligt i handen och hjälpa hen att komma i kontakt med vården. Uppstår en akutsituation, där det är fara för livet, så ska ni alltid ringa 112.

Hoppas att boken kan så ett frö hos er. Ta till er det som passar er och det ni tycker verkar sunt. Strunta i resten. Delar av innehållet är baserade på texter som jag tidigare har publicerat på Instagramkontot @jannestidkommer. Jag har valt att dela upp berättelsen i två större delar; en bakgrund och början på resan tillbaka, samt hur livet ser ut nu och vilka strategier jag använder mig av för att hantera tillvaron på ett sunt sätt.

Ta hand om er!
/Janne Heffler

Del ett:
Dåtid

Spånskivan

Jag såg döden som min enda utväg. Jag har suttit i fängelse. Jag har en diagnos.

För att förstå hur det kunde gå så fel behöver vi börja från början. Jag har tänkt en hel på de första åren av mitt liv. Även om jag i grunden hade en väldigt trygg barndom så fanns det mönster och vägskäl redan då.

De flesta minnen som jag har från de tidiga skolåren innefattar att jag är sårad och ledsen på något sätt. Jag minns ett födelsedagskalas, som egentligen var ganska trevligt. Men det slutade ändå med att jag låg på sängen och grät – de andra barnen ville leka något annat än det som jag hade planerat.

En dag höll jag och några grabbar på att bygga en koja i skogen vid skolan. Ni vet – som barn gör. Jag tog med mig en spånskiva hemifrån. Den hade förmodligen suttit på baksidan av den röda byrån som jag hade på mitt rum. Jag har för mig att byrån slutade sina dagar som något sorts Star Wars-fort. Eller om sanningen ska fram så var det ett hemmagjort dockskåp. Fast pojkar lekte inte med dockor. Vi lekte med actionfigurer. Så det var ett Star Wars-fort. Tillbaka till spånskivan. Den fick tjänstgöra som en vägg i vår koja. Vi lekte förmodligen krig eller spanade efter ödlemänniskor, som kanske eller kanske inte kunde komma från rymden. "V" var den hetaste TV-serien för stunden.

Natten efter byggandet låg jag vaken och grät. Inte av rädsla grundat på en möjlig invasion från yttre rymden. Jag var ledsen för att jag hade lämnat spånskivan utomhus. Det var som att jag kände att spånskivan var ensam i mörkret. Uppenbarligen var jag ett väldigt känsligt barn. Redan då kunde tendenser till en högkänslig personlighet skönjas.

Det fanns väl egentligen två saker som gjorde den biten extra jobbig. Jag var större än mina jämnåriga kamrater, kraftigare och längre. Dessutom var jag kille och uppväxt i ett hem där vi var väldigt dåliga på att prata känslor och mående. Jag blev ett tacksamt offer för de äldre att reta. De sa elaka saker och min reaktion var att bli arg. Jag hade inte förmågan att reagera på något annat sätt.

Min uppväxt var bra. Bättre än genomsnittet vågar jag påstå. Vi var verkligen inte rika. Snarare var det tvärtom. Men mina föräldrar gav oss värme, trygghet och mat på bordet. Huset vi bodde låg i ett villaområde som var lugnt och tryggt. Inga alkoholister i gathörnen. Pundare visste vi inte ens vad det var för något. Cyklarna kunde lämnas olåsta på gatan. Det var till och med så att de äldre grannbarnen plingade på och frågade om de fick ta äpplen från våra äppelträd istället för att palla. Mamma svarade jakande och gav dem ett par tomma kassar.

Vår trädgård var full av fruktträd och bärbuskar. På baksidan fanns det en enorm hägg, som blev ett perfekt klätterträd. Vi hade ett pannrum med en snickarbänk. Där jag kunde snickra ihop Star Wars-fort och andra bra-att-ha-saker.

Det var egentligen bara en sak som saknades – förmågan att prata om känslor och mående. Pappa kunde bli arg, på fäders vis. Men det var också det enda sättet som han visade några starkare känslor. Mamma blev mest tyst när hon blev upprörd. Hon kunde dock gråta ibland, även om det var sällan. En gång såg jag min pappa riktigt ledsen. Det var när vår schäferhund Ricki dog.

När jag funderar och tänker tillbaka på min barndom, så är det dessa minnesbilder som är de starkaste. En del fina minnen, men ju mer jag analyserar dem så förstår jag att det saknades något. Den saknaden blev nog extra påtaglig för en liten kille som hade så mycket känslor inom sig. Han kunde bli ledsen över en spånskiva som behövde vara ensam utomhus på natten.

Dagen efter hämtade jag hem spånskivan igen och la den i pannrummet istället.

Att trycka ned sig själv

Känslan av att vara annorlunda låg som en blöt filt över mig under min tid i grundskolan. Efteråt har jag förstått att mina klasskompisar såg mig som något av en tuffing. Jag tror att det var början på den skyddsmur som jag byggde upp med tiden. Det som fick mig att må bättre var inte att stöka omkring. Min ångest lättade när jag kände mig behövd och när jag underlättade tillvaron för andra.

"Vad omtänksamt av dig."
"Vad snäll du är."

Meningar som var plåster på de inre såren. Blödningarna var dock kraftfulla. Redan i tioårsåldern hade jag existentiella funderingar. Det var inte konkreta tankar på suicidförsök. Men jag tänkte ofta på Törnrosdalen.

När jag började högstadiet blev det bättre. Jag började på en ny skola. Där blev jag engagerad i elevrådet. Känslan av att vara behövd och göra bra saker fungerade återigen. Sen kom tonåren. Hormoner adderades till tillbakatryckta känslor. Kaoset började växa sig starkare igen. Tjejer kom in i bilden. Olycklig kärlek. Ja, ni vet hur det kan vara. Obesvarad kärlek är lika med jordens undergång. Under den här tiden började ett självskadebeteende ta form hos mig. Det räckte inte längre med att vara till lags. Jag behövde mer. Empati blev vägen. Jag tillfogade mig själv olika, synliga skador; blåtiror med hjälp av hammare. Sår med hjälp av knivar.

Efter högstadiet tog gymnasiet vid. Här blev det också ett vägskäl. Jag var hyfsat populär bland tjejerna. Förmodligen var det min fogliga, omtänksamma sida i kombination med ett dugligt utseende som blev en framgångssaga. Jag fick bekräftelse i nya former. Kärlek och intimitet. Nya obekanta känslor. Min anknytning satte dock rejäla käppar i hjulet för sunda, längre relationer. Ni som känner till anknytningsteori vet att det pratas om olika typer av anknytning. Jag tänker inte gå in i detalj på dessa, men enligt teorin formas dessa i barndomen och speglas sen i hur man är i relationer med andra människor.

Otrygg-undvikande. Det har jag konstaterat var min anknytningsmodell. Jag var inte bekant med mina känslor. Jag kunde inte sätta ord på det som fanns inom mig. Känslan av att vara annorlunda fanns även här. Ingen pratade om sina egna tankar och känslor, så jag trodde att jag var konstig. Det jag hade inom mig var fel. Ingen annan har det så här. Jag är ensam och förväntar mig att bli avvisad om jag börjar prata om det med någon. Detta gjorde i sin tur att jag var usel på att hantera ett förhållande.

"Jag kommer att bli avvisad."
"Vad ser hon hos mig?"
"Hon är för bra för mig."

Jag var ett välgörenhetsprojekt. Osäkerheten var enorm och självkänslan var obefintlig. Men jag vågade inte ta upp det med mina vänner eller min partner. Jag trodde att det skulle innebära att jag visar mig sårbar. Konstiga saker skulle göra mig till en ännu sämre människa.

För att hantera detta blev jag till slut odräglig. Antingen blev jag otroligt svartsjuk. "Hon är för bra för mig och kommer söka sig till en bättre kille. Det här är bara tidsfördriv." Eller så blev jag omöjlig, kall och avvisande. Skyddsmurarna blev solida. Om tjejen började förstå att jag inte mådde bra och ställde frågor om det blev jag livrädd – på insidan. Då var jag den som blev avvisande. Det var ohållbart för alla parter. Det här beteendet följde med mig genom sena tonåren och in i tjugoårsåldern. Tillfällig bekräftelse för att tillfälligt lindra ångesten. Jag kände mig levande när jag fick ragg.
Bristen på självkänsla gick som en röd tråd genom livet. Jag hörde en metafor, som på ett bra sätt beskriver hur det var:

Jag hade en prishylla där jag skulle kunna ställa upp de komplimanger och det beröm som jag faktiskt fick. Men hyllorna satt inte fast. Så varje pokal som jag ställde upp rasade ner lika fort och gick sönder.

Ni som kämpar med ångest vet hur det är. Det är inte oro för det nya jobbet eller provet i skolan. För mig var ångesten hämmande. Som att dricka flytande cement som sedan la sig som en tung klump i hela kroppen. Svettningar, andnöd, illamående och yrsel. Mitt inre kaos gjorde att tankarna på döden kom tillbaka. Jag hade glömt bort eller förträngt att jag hade suicidtankar redan då. Men för en tid sedan hittade jag en gammal dagbok. Vilken otroligt sorglig och mörk läsning. Tänk om jag hade haft förmågan att be om hjälp eller om någon hade sett muren på allvar redan då.

Efter skolan kom arbetslivet. Där ville jag också vara till lags och känna mig behövd. Jag tog på mig extra uppdrag, utöver de vanliga arbetsuppgifterna. Som av en händelse så har jag alltid trivts med serviceyrken. Hjälpa andra och må bra av ett "tack" eller ett leende. Som en plusmeny till mitt dåliga sätt att bete mig på i relationer gjorde behovet av bekräftelse ofta att jag feltolkade tjejer. Jag trodde att ett vänligt ord var ett tecken på att hon var intresserad av mig. Det i sin tur ledde fram till uppvaktningsförsök som inte sällan var otroligt tafatta eller klumpiga.

Min dåliga självkänsla gjorde att jag aldrig trodde på att jag skulle lyckas. Jag blev nobbad flera gånger och det gav min rädsla för att bli avvisad ytterligare bränsle. Misslyckad. Ja, jag är ju det. Ingen vill ha en sån som jag. De första ordentliga depressionerna kom som ett brev på posten.

"Kära Janne"

Jag har skrivit ett brev från Janne idag till barnet Janne. Förhoppningsvis kan mina ord till honom ge er tankar att ha med sig i livet.

Hej Janne!

Jag tänkte att jag skulle skriva till dig och påminna dig om att du duger. Det du känner är okej. Du har rätt till dina känslor och tankar. Den diffusa röran som du känner inom dig - jag förstår hur det känns. När jag var i din ålder kände jag samma saker. Kom ihåg att vara en schysst banan. Möt folk med ett leende. Men gör inte våld på dig själv. Ibland ska du lyfta, ibland ska du bli lyft. Det är inte ditt ansvar att se till att ALLA runt omkring dig mår bra. Var vänlig och lyssna på människor. Men lyssna inåt också. Glöm inte bort att vara snäll mot dig själv.

Du tillbringar otroligt mycket tid med dig. Ägna inte den tiden till att hacka på dig själv. Det är okej att misslyckas. Du är inte en värdelös människa, bara för att du gör något värdelöst. Träna på att säga nej. Riktiga vänner kommer att acceptera att du inte hänger med på allt. Gör de inte det så är det inte riktiga vänner. En sista, jävligt viktig grej. Om du någon gång mår så otroligt dåligt att mörkret kväver dig - berätta om det för människor i din närhet. De kommer inte att överge dig.

Sköt om dig, grabben!
Din tid kommer.

Mamma

Ett nytt århundrade kom. Millennieskifte till och med. En tid med nya möjligheter. Trodde jag.

När 2000-talet började fick min mamma cancer. Mina föräldrar skilde sig. Morfar och mormor dog. Ytterligare en relation gick åt skogen. Jag höll masken. Det var omöjligt för mig att visa hur jag mådde på riktigt. I stället blev jag den som skulle hjälpa alla andra och finnas till för dem. För att hjälpa mamma flyttade jag in hos henne och delade på hyran och andra utgifter. Mig kunde man prata med om allt. Orden hamnade i min tryckkokare. Men det kändes bra. Där och då.

Efter att jag under upprivande omständigheter, som jag inte vill gå in närmare på, blev tvungen att flytta från min och mammas lägenhet började det knaka i fogarna. Murarna började spricka och jag blev ännu mer rädd. Snart kommer någon att komma genom. Min reaktion blev flykt. Jag flyttade från Gävle, staden i vilken jag hade bott hela livet. En nystart i en ny stad, tänkte jag. Dessutom kan det aldrig vara fel med en utbildning. Det är socionom jag vill bli. Då kan jag hjälpa andra ännu mer. Skön känsla. Jag packade mina saker och drog till Växjö.

Den akademiska världen var något helt annat än vad jag var van vid. Jag hade inte börjat plugga av rätt anledningar. Studierna gick minst sagt dåligt. Då dök möjligheten att jobba heltid på studentkåren upp. Tänka sig, ännu ett tillfälle att jobba med saker som kan underlätta tillvaron för mina medmänniskor! Efter tiden på studentkåren var mer plugg inte att tänka på. Jag hade redan misslyckats hur många gånger som helst i mitt huvud. Jobba var det jag skulle göra. Vägen gick vidare till ännu en kundservicefunktion.

Det fanns dock en hemlängtan. Syrran hade blivit mamma. Min mamma blev sjukare och hennes cancer kom tillbaka. Efter fem år i Småland flyttade jag hem igen.

Mamma blev sämre och sämre. Det som började som bröstcancer blev efter friskförklaring ett bakslag i form av skelettcancer. Efter många behandlingar och in och ut på vårdavdelningar fick vi beskedet att hon inte skulle överleva. När "domen" kom var det första gången som hon med ord uttryckte att hon älskade mig, i alla fall som jag minns. Jag har aldrig tvivlat på att hon har gjort det. Men nu fick jag höra det. Den 11/5 2015 dog mamma. Den redan överfulla tryckkokaren exploderade.

Explosionen inom mig fick konsekvenser. Vardagen blev väldigt svår att hantera. Högen med tvätt växte. Diskberget fick Kebnekaise att likna en vägbula. Räkningar blev obetalda. Frånvaron från jobbet ökade. Sömn blev sällsynt. Katastroftänk i överflöd. Någonstans i det här nattsvarta mörkret började tankar på att fly från livet och verkligheten formas. Ingenting kändes hanterbart - allt var helt bortom kontroll. Jag blev säker på att min blotta närvaro orsakade lidande för människor omkring mig. Det var det sista jag ville. Min uppgift var ju att få folk att må bra. Nu hade jag inte förmågan att hjälpa andra i samma omfattning som tidigare. Vad tusan fyller jag då för funktion? Skulle folk veta hur mina tankar gick skulle jag dessutom bli en belastning. Värdelös. Alla har fullt upp med sig själva. Vem tror jag att jag är egentligen?

Min sökhistorik var lika mörk som min hjärna. Jag började vandra omkring på gatorna i Gävle på nätterna. En gång var jag på väg ut till havet. Men jag blev mörkrädd när gatubelysningen upphörde.

Jag satt på bänkar i stadsparken. Jag yrade omkring på kyrkogården där farmor och farfar ligger begravda. Många timmar tillbringades vid Gavleån. Jag tänkte att jag skulle cykla till gården där mormor och morfar bodde. En plats förknippad med barndomen. Där skulle jag lägga mig i skogen. Om inte den sju mil långa cykelfärden dödar mig (det är ju lätt hänt att bli påkörd i mörkret) så kommer det att dröja innan folk letar där. Då hinner vintern göra sitt. Frysa ihjäl. Det skulle jag kunna få att se ut som en olycka. Då belastar jag inte folk med funderingar om "varför" heller. De skulle sörja ett tag. En del mer, en del mindre. Sedan går de vidare.

För att ordna till scenariot "olyckshändelse" insåg jag att jag behövde vara rejält onykter. Dels för att våga och för att inte överlevnadsinstinkten skulle ta över. Dels för att undanröja tvivel, om de skulle få för sig att obducera kroppen. Jag tog bussen till Valbo Köpcentrum och gick in på Systembolaget. Där köpte jag en treliters bag-in-box med rödtjut.

Jag betalade kontant. Pengar var jäkligt flyktigt vid den här tidpunkten. Jag hade för längesen gett upp, så jag betalade i princip bara hyran av de räkningar som kom in varje månad. Dessutom hade jag hittat ännu ett sätt att hantera ångest på – blancolån via SMS. Känslan av att alltid ha en bunt femhundringar i plånboken var som balsam för själen. Åtminstone tillfälligt. Jag hade inte direkt något missbruk även om jag konsumerade mycket alkohol för att döva tankarna och jag sökte återigen bekräftelse genom tillfälliga relationer. På krogen bjöd jag friskt och tog ofta in ishinkar med både bubbel och sprit. När jag tog det sista snabblånet så fick jag hem ett brev från företaget som utförde kreditupplysningen. "Risk för betalningsanmärkning inom ett år: 25%".
Ändå fick jag låna 10 000:-.

Efter ett par dagar var det dags. Jag skulle bli full och somna i en snödriva och aldrig mer vakna upp. Det fanns ingen livsgnista kvar. Allt var bara svart. Jag skulle bli del av statistiken för den vanligaste dödsorsaken för män i åldersgruppen 15-44 år. Men ingen skulle veta. Inget avskedsbrev var skrivet. Det skulle bli en olyckshändelse. Exakt hur mycket av vinet jag fick i mig vet jag inte. Jag hade hällt upp det i två PET-flaskor. Tanken var att jag skulle dra i mig en flaska innan jag gick ut i januarinatten och ta resten under promenaden. Det var mer än tillräckligt för att sänka mig.

Att smida en plan

Jag vet inte var jag hade tänkt att gå. Förmodligen var jag på väg ut till kusten igen. Några privatpersoner såg mig, tack och lov. Jag hade rasat ihop i en snödriva vid ett industriområde. Polisen kom och hämtade mig med stöd av LOB (Lagen om omhändertagande av berusade personer) och jag blev placerad i en fyllecell. När jag vaknade upp låg jag på en galonmadrass i ett kaklat rum. Det var kallt och luktade illa. Ett frostat takfönster släppte in ett dunkelt ljus. Tankarna rusade genom huvudet. Ännu mer ångest. Fan vad värdelös jag är som inte ens kan ta livet av mig. Fast vill jag dö, på riktigt? Eller är problemet snarare att jag inte vill leva? Att jag vill komma bort från livet? Ta en timeout och kanske komma på en ny strategi? Jag hann tänka mycket där i dunklet och stanken innan jag fick gå hem.

Efter en tid fick jag hem ett brev från Socialtjänsten. "Dricker du för mycket och vill prata med någon om det? Ring oss!" Den tanken är såklart jättebra. Men det var inte där problemet låg hos mig. Åtminstone inte grundproblemet. Dessutom var inte utsikterna för att jag aktivt skulle söka hjälp alltför stora i det läget.

Hamna i koma.
Slippa livet.
Legosoldat.
YPG/Peshmerga.
Jobba på båt.

Nu ledde sökningarna in på ett internetforum. Någon hade gjort en sammanställning i tråden "hur var det att sitta i fängelse?" Tankarna blev ännu mer kaotiska. Jag var både besviken och glad. Det var ännu ett misslyckande att jag inte lyckades dö, men samtidigt en lättnad. Vad finns det för alternativ? Att sitta inlåst verkar inte så himla illa ändå. Jag skulle ha tillsyn från myndighetspersonal. Jag skulle slippa verkligheten. Jag skulle inte behöva bekymra mig om saker och ting i vardagen. Det skulle vara bättre än det liv jag har just nu.

Häktning.
Minimistraff.
Maxstraff.
Rättegång.
Nya sökningar. Nya idéer.

"Mordbrand." Det låter onekligen väldigt allvarligt. Men det räknas som mordbrand även om det bara finns en *risk* för att människor eller egendom ska komma till skada. För att bli häktad krävs det att man riskerar att fly, ska fortsätta sin brottslighet, kan undanröja bevis eller att det är ett minimistraff på två år. Jag ville inte skada människor. Varken fysiskt eller ekonomiskt. En kommunal eller statlig byggnad vore troligtvis det bästa. Ologisk logik - skatt finansierar dessa verksamheter och det är i högsta grad pengar från människor, som ska användas till medborgarnas bästa. Byggnaden ska vara tom på folk och eftersom jag vill bli gripen ska det finnas brandlarm.

Debatten var högljudd efter diskoteksbranden på Hisingen, i vilken så många unga dog under en Halloweenfest. Kraven på att offentliga byggnader skulle ha brandlarm hade skärpts. Den informationen hittade jag, bland mycket annat, under en natt av maratongoogling. En förskola måste bara vara det "bästa" alternativet. En som ligger en bit från andra hus. Om jag dessutom gör det en helgnatt är jag hundra procent säker på att den är tom.

Ett par dagar innan brottet hade jag tagit en ny tur till Valbo. Vid ett besök på Clas Ohlson köpte jag tändare, marschaller och tändvätska. Det blev även ett besök på Systembolaget för att köpa öl. "Jaså, du ska både bli full och elda?" sa kassörskan på Systembolaget och skrattade när jag visade innehållet i väskan för henne. Tänk om hon hade sett genom mig.

Det var egentligen en bra dag. Den där dagen i mars 2016. Några minusgrader, ett tunt lager snö på marken och solsken. Jag hade umgåtts med bra vänner. Vi spelade rollspel och käkade mat. Snackade skit. Precis som vanligt. Men jag hade bestämt mig – det är i natt det händer.

Jag gjorde de sista förberedelserna. Packade ryggsäcken. Lade ned glasögonfodralet i jackfickan. Loggade in på mejlen och vidarebefordrade biljetterna till Håkan Hellströms konsert på Ullevi som jag och min kompis skulle gå på. Som tur var, så var jag kass på att elda. Efter många försök, där till slut ryggsäcken fick bli bränsle, fick jag eld på några plankor i ett barnvagnsförråd i anslutning till förskolan. Det var dock tillräckligt för att brandlarmet skulle börja tjuta.

När brandkåren kom till förskolan gick jag fram till dem och sa att det var jag som hade tänt på. Ytterligare en stund senare kom polisen till platsen. Mina minnesbilder från den här natten är väldig diffusa. Jag var helt nykter men har ändå fått pussla ihop saker och ting. Genom att läsa förhör och tidningsartiklar har det klarnat en hel del. En sak som jag minns väldigt tydligt är hur förvånade både brandmän och poliser blev över att jag hade stannat kvar på platsen.

I polisbilen började jag berätta. För första gången fick någon veta exakt hur illa det var. Poliserna var väldigt sympatiska och förstående. De fick allt kaos som jag burit inom mig slängt rakt i ansiktet. Färden till polisstationen tog ungefär tio minuter. Tio minuter som var avstampet till mitt nya liv. I de första förhören berättade jag om hur jag hade förberett mig. Om resorna med ettans buss till Valbo. Jag berättade om svårigheterna med att få fart på elden. Jag blev placerad i en arrestcell. Den påminde mycket om fyllecellen. Mina jeans hade tagits i beslag och jag låg på en galonmadrass invirad en orange filt á la sjukhus. Den första tiden som anhållen innehöll några timmars djupsömn – de första på flera veckor.

Efter ett par timmar blev jag förd till häktet. Givetvis kände jag igen en av häktespersonalen som skrev in mig. Gävle är en liten stad i många avseenden. Men likt poliserna dömde inte heller han. Jag antar att jag inte var det första bekanta ansiktet som dök upp framför honom på jobbet. Jag fick ta av mig det som var kvar på kroppen av mina egna kläder och ta på mig gröna mjukisbyxor, en grön t-shirt, ett par gråa kalsonger med taskig resår och ett par gråa strumpor. Till det fick jag en par matchande plasttofflor som luktade bensin. De frågade hur jag mådde och om jag hade försökt ta livet av mig nyligen. "Nej nej" blev mitt spontana svar. "Eller vänta, det har jag ju faktiskt försökt." Jag blev eskorterad till cell nummer åtta.

Mitt nya hem

Sängen satt, liksom skrivbordet och stolen, fast i väggen. Grönvitrandiga sängkläder. Den orangea filten. En TV och en klockradio. Två muggar, en djup och en flat tallrik. Bestick. Allt var tillverkat av hårdplast. Direkt till höger innanför dörren fanns ett handfat och ovanför det satt någon sorts spegel i polerad plåt. På handfatet låg det en förkortad tandborste, tandkräm och en liten tvål. Fönstret hade en röd gallerkonstruktion på insidan och ett galler på utsidan.

"Om du behöver gå på toaletten eller om det är något, så ringer du på interntelefonen här. Vi kommer att titta till dig då och då eftersom du har angett att du har försökt ta livet av dig. Lunchen kommer runt 11:30." Vad klockan var hade jag inte en susning om.

Dörren gick igen och låstes. I den fanns en typisk tittlucka som kunde öppnas utifrån. "Jaha, är det här jag ska vara nu?" tänkte jag. Jag drack lite vatten, borstade tänderna och tvättade ansiktet. Sen bäddade jag i ordning sängen och slog på teven. Det tog inte lång stund innan jag somnade igen.

Ungefär var femtonde minut öppnades luckan och någon tittade in.
"Är det lugnt?"
Ja, det var det tills du började slamra med luckan, hade jag lust att säga.
"Ja, för fasen." sa jag.

Allt för att vara till lags. Men faktum är att det var faktiskt bra. Riktigt bra. Jag kände mig trygg i den övervakade miljön.

Efter ett tag kom mycket riktigt lunchen. Jag minns inte vad det var för något, men maten var helt okej för det mesta. Ganska grundläggande husmanskost. På torsdagar var det alltid ärtsoppa och pannkakor. Det serverades frukost, lunch, middag och kvällsfika.

Jag fick en hel del tid för mig själv under den första delen av min förvaring. En timme om dagen fick jag gå ut på promenad i en rastgård på taket. Rastgården var som en bur, med fyra väggar och galler som tak. I början var jag inte ute mer än tio minuter, men tiden gick och jag vande mig. Buren var bara några enstaka kvadratmeter. Varv efter varv gick jag runt. Tänkte, räknade skruvhål i väggen, såg mönster i golvet och hur bultarna satt, tittade upp genom gallret och såg himlen. Måsarna kraxade hånfullt och solen sken. Ljudet från centralstationen. Tåget mot Falun och Borlänge skulle bli sent.

Det skulle dröja innan jag var lika fri som måsarna där uppe och kunde ta tåget till Dalarna. Den första tiden ramlade på ganska fort. Jag förhördes några gånger. Både polisen och min advokat var förvånade över att jag berättade sanningen, utan att tveka.
"I vanliga fall så sitter folk här och blåljuger. Du ska veta att vi uppskattar din ärlighet!"
Vid häktningsförhandlingen, som var några dagar senare, blev det beslutat att jag skulle fortsätta vara häktad och att jag skulle genomgå en liten sinnesundersökning på rättspsyk.

Jag var faktiskt lite orolig, hur konstigt det än kan låta, över att jag skulle bli "försatt på fri fot i väntan på rättegång" vid det här tillfället. Det var något som jag inte var redo för mentalt. Mörkret i mitt huvud var fortfarande väldigt påtagligt.

En paus från verkligheten

Nu hade jag börjat få brev från familj och vänner, så jag skrev mycket. Jag läste böcker och tittade på TV. Ibland bröts slentrianen av en hälsoundersökning (vaccination mot Hepatit A och B), ett besök från farsan eller ett samtal med klienthandläggaren. Klienthandläggaren gjorde en personutredning för att rätten skulle ha ett underlag på vem jag var som person, när jag skulle få mitt straff.

Under den här perioden träffade jag inga andra fångar. Häktet i Gävle är ett så kallat restriktionshäkte – du är till större delen av dygnet ensam i din cell. Sitter du dessutom där med restriktioner får du inte heller kolla på TV, läsa dagstidningar eller ta emot besök. I vissa fall tillåts bevakade besök. Det finns olika nivåer.

Att bli inlåst i en cell på sex, sju kvadratmeter skulle nog beskrivas som minst sagt omtumlande av de flesta som har varit med om det. För mig var det dock kulmen på den mest omtumlande perioden i mitt liv. Det värsta hade redan hänt. Känslan var mer som en befrielse. Den ologiska logiken. Jag började prata med kriminalvårdare, utredare, poliser, advokat, åklagare och nämndemän. Breven till nära och kära började rasera de där jäkla murarna. Till slut rämnade de totalt.

Den lilla sinnesundersökningen bestod av en dagsutflykt till rättspsykiatriska kliniken i Huddinge. Än en gång dök det upp ett bekant ansikte. En av kriminalvårdarna som körde transporten till kliniken var en gammal kollega. Han hade på sig solglasögon och verkade göra sitt bästa för att inte bli igenkänd. Jag hejade inte. När man som fånge blir transporterad mellan olika platser så är säkerheten i främsta rummet. Handbojor som sitter fast i ett midjebälte. Bildörrar som bara kan öppnas utifrån. Personal med pepparsprej och batonger.

Samtalet med läkaren på rättspsykiatriska kliniken tog ungefär en halvtimme. Det fanns anledning att tro att jag hade "en allvarlig psykisk störning" som det så byråkratiskt hette.

Det bar av tillbaka till Gävle. Vi plockade upp en kille på ett behandlingshem någonstans i Upplands skogar. Jag antog att det inte hade fungerat för honom där, för han lämnades av på anstalten i Gävle.

Fler dagar av slentrian och väntan. Men där och då var det faktiskt väldigt nyttigt att vara inlåst och helt frånkopplad från verkligheten. Den verklighet i vilken allt kändes hopplöst. Jag hade gott om tid att påbörja min inre resa och jag mådde bra av att ha en inrutad, schemalagd tillvaro.

På ett sätt blev det lite konstigt när jag blev påmind om att den riktiga verkligheten fanns kvar, utanför min artificiella verklighet. Jag hade aldrig restriktioner så jag fick kolla på TV och läsa dagstidningar. En av vårdarna snackade mycket hockey med mig. "Det var ta mig tusan bättre på Melkerssons tid! Sarg ut, då kan ingenting gå fel."

I breven från vännerna kunde jag läsa om konserter och husköp. Det är klart att mina nära blev väldigt påverkade, men livet fortsatte. Märkligt. Fast väldigt skönt det också.

Flytten

När det var dags för huvudförhandling i domstolen blev det en taxiresa till domstolen med två kriminalvårdare. Bilen vi åkte i var en Tesla. Både jag och personalen tyckte att den var riktig frän. Helt klart en avslappnad stämning.

Tingsrättsförhandlingarna var snabbt avklarade. En nämndeman tyckte att jag skulle dömas för grov skadegörelse. Men hens kollegor tyckte att det var mordbrand som jag hade genomfört.

Min familj och några av mina vänner var på rättegången. Jag hann heja på dem som hastigast. Egentligen hade jag velat krama om dem allihop - det var ett starkt ögonblick att få se alla igen. Men jag var omgiven av kriminalvårdare och visste inte riktigt vad som var okej. Så jag vågade inte chansa.

Domen kom och jag befanns vara skyldig. Som väntat, allt annat hade varit orimligt. Innan domen föll och påföljden kunde bestämmas skulle jag genomgå en stor sinnesundersökning på rättspsyk. Det skulle dock dröja. Ännu en tid i häkte väntade.

"Du får vara försiktig när du kommer dit."

"Det är allt från mördare till MC-gäng som hamnar på gemensamhetshäkten."

Jag fick veta att jag skulle bli förflyttad från häktet i Gävle. Förmodligen till Saltvik eller Salberga. Det sa mig ingenting. Men antingen Härnösand eller Sala rent geografiskt.

Ytterligare en vårdare, som jag kände igen sen gammalt (inte någon av de som var med vid inskrivningen eller transporten), berättade att det var ett häkte där man träffar på andra fångar som gällde nu. En kidnappning med efterföljande mord hade gjort att restriktionsplatserna i Gävle behövdes för de misstänkta i den härvan. Det spred sig lite oro när han kom med sin förmaning. Men jag mindes orden som jag hade läst på internetforumet.

"Spela inte Allan, hälsa på alla och sköt ditt."

När jag kom till Salberga slogs jag av vilka rejäla murar och stängsel det var. Personalen som körde transporten berättade att det är ett fängelse med högsta säkerhetsklass – därav höga murar och elstängsel – men att det finns ett häkte inne på området. På avdelningen följde jag uppmaningen att hälsa på alla. Det var en brokig skara män som mötte mig. Den yngsta var i tjugoårsåldern och den äldsta en bit över sextio. Många hade rakade skallar och synliga tatueringar. Alla var klädda i gråblåa kläder. Anstaltskollektionen skiljer sig från den mossgröna häktesutstyrseln.

Grov misshandel, narkotikabrott, varusmuggling, brott mot alkohollagen och olaga frihetsberövande. Någon hade skjutit en kille i benet, någon hade odlat stora mängder cannabis, någon hade kokat tusentals liter sprit, någon hade stulit en lastbil med fisk och någon hade misshandlat och kidnappat en person. Sexualförbrytare såg man ner på. Det blev väldigt tydligt. En av byggnaderna bredvid häktet huserade våldtäktsmän och liknade. "Jävla snabbknullare!" skrek någon från balkongen som fanns på vår avdelning.

Vi blev inlåsta i våra celler vid 17:15-tiden på kvällen och fick komma ut på avdelningen igen vid 08:00 dagen efter. Tiden fördrev jag med att läsa böcker, skriva brev och titta på TV.
(Om ni känner någon som sitter inne – skriv brev och skicka med frimärken. Det är en otrolig ljuspunkt i tristessen att bli påmind om den verkliga verkligheten.)

Ibland undrar jag om program som "Paradise Hotel" och "Ex on the Beach" hade funnits kvar om inte majoriteten av landets interner hade kollat på det. "Runk-TV!" ekade mellan cellerna när nämnda program började. Vissa saker vill man helst vara lyckligt omedveten om.

Tillvaron på gemensamhetshäktet var inte så obehaglig som vårdaren i Gävle hade beskrivit den. Snarare tråkig. En dag i veckan hade vi möjlighet att spela fotboll eller innebandy i bollhallen och en gång i veckan fick vi gå till kiosken. Där kunde vi handla snus, cigaretter, frimärken, telefonkort, godis och lite annat smått och gott. Telefonkortet var laddat med markeringar, så att man kunde ringa familj och vänner. De man ringde måste dock vara godkända av Kriminalvården. Om det var ett mobiltelefonnummer blev det avslag direkt, om det inte gick till den närmaste familjen. Vi hade inga kontanter – ens ekonomiska medel sattes in på ett konto och så fick man handla med "kioskkortet" – ett sorts betalkort. Där sattes de pengar som man fick i häktesbidrag in och om någon av ens familj och vänner satte in pengar åt en. En liten del sattes även undan på ett permissions- och frigivningskonto.

Dagarna blev slentrian även här och det var för det mesta rätt lugnt. Vardagsdramatiken bestod av katt och råtta-leken som uppstod mellan personalen och fångar som försökte smuggla in cigaretter från promenaderna. Av någon anledning hade kriminalvården begränsat antalet cigaretter som var inköpta för fångens egna pengar, till max två om dagen. Dessa fick endast rökas på den timslånga promenaden. Ett vanligt scenario var därför att bara en cigarett röktes och den andra smugglades in på mer eller mindre kreativa sätt. Det förekom slumpmässig visitation när vi gick in från promenaden, men det finns många skrymslen och vrår på kroppen.

Det fanns ganska många saker som jag inte förstod därinne. Cigaretterna var en sak. Varför begränsa antalet? I kiosken fanns det ingenting som innehöll lakrits eller citron. Efterhand gick det dock upp för mig mer och mer. Kortspel var förbjudet. Men det gjordes kortlekar av använda telefonkort. Antagligen så skulle cigaretter kunna användas som betalning om det gjordes insatser för att öka dramatiken. Lakrits och citron hade med manipulering att göra. Om man äter mycket lakrits så minskar tydligen produktionen av testosteron i kroppen. Då kan man gå till läkaren och få det utskrivet på recept. Vilket i sin tur kan "hjälpa till" i gymmet. Citron kan sabotera ett urinprov. Se till att ha ett stänk på fingret och doppa det i burken när du är klar. Det här var åtminstone vad de mer rutinerade grabbarna berättade för mig. För visst fanns det droger även på insidan.

Jag har fått lära mig en hel del tveksamma "life hacks". Allt från hur man tänder cigaretter utan tändare eller tändstickor och hur man gör "bult" (otroligt äcklig mäsk efter vad jag förstått), till hur man skulle kunna bygga en hembrännings-apparat och integrera vatten och spillvärme med en cannabisodling. Dessutom fick jag lära mig mycket om droger och dess effekter. Min jungfrudrog skulle tydligen vara Ecstasy enligt den gängse uppfattningen.

"Du skulle helt klart gilla känslan!"

Överlag var det en ganska kamratlig jargong. Alla var där på samma villkor, så att säga.

Det var väl egentligen bara en gång som jag blev orolig. En kille som var i aktiv psykos kom in på avdelningen och det tog inte många minuter innan han hade slagit till en person, hotat en annan och även hotat personalen. Han blev inte kvar så länge. "Knall" som det kallas när man blir hastigt förflyttad. Antingen till en isoleringscell eller annan anstalt. Ofta med högre säkerhetsklass. De flesta av de andra fångarna var trevliga som folk är i största allmänhet. Jag försökte se det som att jag var på en arbetsplats och att de andra var mina kollegor. Det var inga personer som jag skulle umgås med i vanliga fall. De hade levt helt andra liv än vad jag var van vid. Men jag var hövlig mot dem och vi kunde prata om alldagliga saker.

Givetvis fanns det en del personer som jag hade svårt för. En av dessa var en mytoman av rang. Exempelvis så hade han postat ett brev på häktet på förmiddagen som hade delats ut till mottagaren i en annan stad på eftermiddagen. Att han fick förklarat för sig att det var helt omöjligt var ingenting som han la någon större vikt vid. Jag ignorerade det han sade, men de andra blev mer och mer irriterade på honom.

En dag kom häktets säkerhetspersonal upp till avdelningen. Det var ett gäng biffiga killar med bister uppsyn. De gick in i mytomanens cell och gjorde en grundlig visitation. Efter ett tag kom de ut med en påse som innehöll slipade och spetsiga burklock. Mytomanen hade ägnat kvällar och nätter åt att tillverka stickvapen. Förmodligen kände han att irritationen växte. De bistra biffarna tog med sig mytomanen från avdelningen. När de gick kunde jag inte hålla mig. "Var ska du sova i natt?" gled relativt melodiskt fram ur min mun. Alla började skratta. Till och den bistraste biffen neutraliserade tjänsteminen något.

Domen

När jag hade varit på Salberga i en ungefär vecka fick jag besked om att det var dags för den stora sinnesundersökningen på rättspsyk. Ny transport till Huddinge. Handbojor och midjebälte.

"Vill du ha dina civila kläder på dig? Det får man ha här."

Frågan kom något oväntat i samband med att de höll på att skriva in mig. Tankarna tog ett varv. Civila kläder, för första gången på två månader? Jag har inga dyra märkeskläder. Men de är ändå min identitet på något sätt. Min identitet är inte fången Janne. Den är något annat.

"Nej tack, jag håller mig till den kollektiva uniformen" svarade jag, efter någon sekunds tystnad.

Inne på avdelningen var i princip alla civilklädda. Till och med personalen saknade uniform. Rummet som jag skulle bo i hade egen dusch. Vilken lyx! På häktet i Gävle var jag tvungen att "flagga på" (ringa på interntelefonen) för att be om att få duscha och i Salberga delade jag dusch med de andra. För tydlighetens skull – det var en enskild dusch i ett utrymme som gick att låsa. Inte en gemensam. Kvinnor och män bodde tillsammans. En del mådde inte bra, det märktes. Utbrott förekom. Men de flesta upplevde jag som "normalstörda". I efterhand har jag kollat vad det var för folk som satt där genom att söka på nätet. Förberedelser till terrorbrott, kvinnofridsbrott, sexualförbrytare och sadister. Långtifrån normalstörda.

Dagarna på rättspsyk fylldes av många samtal. Min mentala hälsa utreddes med hjälp av läkare, psykiatriker, socionomer och skötare. Många frågor och tester. Jag kände ganska tidigt att jag förmodligen inte var sjuk i lagens bemärkelse. Speciellt inte i jämförelse med de som hade vanföreställningar och var paranoida. En hävdade att det var han som hade skjutit Olof Palme och att hans uppdragsgivare var både CIA och KGB. Samma herre blev väldigt ilsk när det inte gick att spela på travet i kiosken som fanns där inne. Han hade ju så många säkra högoddsare att han skulle kunna muta sig fri utan större problem.

Tio dagar av samtal, märkliga situationer i allrummet och lästa böcker passerade. Utredningen var klar. Den sammanlagda bedömningen var att det inte fanns något hinder för fängelsestraff. Jag minns inte de exakta orden, men det var kontentan. Man konstaterade att jag förmodligen led av en depression, både vid brottstillfället och när undersökningen gjordes. Men det var inte skäl nog för att dömas till vård. Inför att förhandlingarna i Tingsrätten skulle återupptas fick jag frågan om jag ville åka till domstolen i Gävle eller vara med på videolänk från häktet. Jag var lite less på att upptäcka Sverige i Kriminalvårdens vita bilar iförd handfängsel, så jag sa att det gick bra med videolänk. Det ångrade jag lite i efterhand. En utflykt som hade gett mig möjligheten att se familj och vänner igen hade inte varit fel.

Fängelse i ett år och nio månader. Jag fick straffrabatt – minus tre månader – eftersom jag förlorade jobbet.
"Jaha, vad innebär det här då?" frågade jag kriminalvårdaren, som var med mig i rummet varifrån jag deltog i rättegången.
"Nu kan du överklaga domen. Du får ringa din advokat när vi kommer tillbaka till avdelningen."

"Man sitter två tredjedelar av tiden va? Det blir fjorton månader, om jag tänker rätt?"
"Något sånt blir det ja. Och du räknar av tiden som du har suttit häktad."
Tristessen och slentrianen på häktet hade blivit mer och mer tärande. Jag hade ingen samtalskontakt och det fanns inga sysselsättningar. Då hade jag "bara" suttit häktad i knappt tre månader. Ett par av killarna som jag träffade på där inne hade suttit ett och ett halvt år. Varav flera månader med fulla restriktioner. Hur någon fixar det psykiskt övergår mitt förstånd. En av många insikter som jag ändå fick under den här tiden var att människan är väldigt anpassningsbar. Jag läste en bok skriven av en man som hade överlevt som fånge i ett koncentrationsläger under andra världskriget. Han beskrev hur de till och med där lyckades få till en vardag med rutiner och humor.

Advokaten var helt inne på att vi skulle överklaga.
"Det finns liknade fall, bland annat en person som eldade upp ett gammalt stationshus. Han kom undan med grov skadegörelse."
"Ja, jo... men kan det inte bli högre straff också?"
"Bara om åklagaren överklagar. Men han verkade nöjd. Han fick det som han yrkade på."
Vi överklagade och min tid i häktet förlängdes. Efter några veckor var det dags för hovrättsförhandlingar. Nästa anhalt i Sverigeresan med vita bilarna var Sundsvall och Hovrätten för Nedre Norrland. Eftersom det tar ett tag att åka mellan Sala och Sundsvall skulle jag övernatta på häktet i Saltvik. Det blev även lunchstopp på häktet i Gävle. En del bekanta ansikten dök upp. Det kändes lite familjärt på något konstigt sätt.

Häktet i Saltvik måste ha varit nybyggt eller nyrenoverat. Där fanns det en toalett gjord av lättmetall i cellen och allting kändes väldigt fräscht. När jag fick middag på kvällen trodde jag att jag hade blivit galen på riktigt. En av vårdarna såg precis ut som jag föreställer mig att Snövit ser ut. Blodröda läppar, korpsvart hår och mjölkvit hy. Jag vet inte om det var det faktum att jag hade umgåtts med alldeles för många män det senaste kvartalet och hjärntvättats med grabbighet och sexism, eller om hon faktiskt var vacker som en sagoprinsessa. Det är hur som helst ett minne som har etsat sig fast och jag tänker inte analysera scenen ytterligare.

Min advokat hade inte kommit till rättssalen när förhandlingarna skulle börja. Efter en del ringande fick rådmännen beskedet att han satt fast i trafiken. Vårdarna som eskorterade mig förde ut mig i väntrummet igen.
"Vilken idiot. Han borde planera bättre" sa en av kriminalvårdarna. Jag sa inget, men höll med innerst inne.
När advokaten väl hade anlänt tog rättens ordförande till orda.
"Hej Jan, det verkar som att du har haft en jäkligt tuff tid."
Den här gången var det åklagaren som var med på videolänk. Han hade inte överklagat domen. Det blev en snabb förhandling även här. Hovrätten fastställde Tingsrättens dom. Ett år och nio månader.

När jag kom tillbaka till häktet började jag fundera på var jag helst ville sitta i fängelse någonstans. Det fanns möjlighet att lämna önskemål. Jag hade förstått att det fanns speciella anstalter för våldtäktsmän och annat patrask. Så de fanns inte ens på kartan. Det fanns en liten anstalt i Visby med bara sex eller sju platser. Fast där var det tydligen bara dömda poliser och åklagare som fick plats. Valet föll på Umeå. Utanför Umeå finns det en öppen anstalt som bland annat har djurvård som sysselsättning. Det lät ju hur bra som helst. Umgås med hundar och andra djur måste vara bra för måendet. Jag sökte till den öppna anstalten i första hand och till Umeås stängda anstalt i andra hand. Dessbättre så gick inte Kriminalvården mig till mötes. Cirkeln skulle slutas – anstalten i Gävle blev mitt nya "hem".

Bearbetningen

När jag kom till anstalten i Gävle fanns det flera som jag kände igen. Inte bland de intagna, men i personalen. Såklart. Jag kände att jag hade blivit avtrubbad och det var inte längre pinsamt eller besvärande att träffa på bekanta. Livet på anstalt påminner väldigt mycket om livet på gemensamhetshäkte. Rutiner, kioskkort, likadana celler och avdelningar samt andra fångar. Den stora skillnaden är att det finns sysselsättning. Min första sysselsättning var att jobba i disken. Anstalten hade eget kök och personalmatsal. Jag och en annan intagen tog hand om grytor, bunkar, tallrikar och sånt som hade ackumulerats vid matlagningen.

Trots många lästa böcker och skrivande kände jag att hjärnan behövde mer. Så efter en tid började jag började studera. Samhällskunskap på gymnasienivå. Lagom ansträngning men ändå tillräckligt för att nöta bort mossan i huvudet. Jag minns att jag blev kallad professorn av en annan intagen. Oklart om det var för att håna mig eller om han faktiskt uppskattade att mina hjärnceller fortfarande var med i matchen. En sak som verkligen kändes angelägen att ta tag i var vägen till ett bättre mående. Att berätta var ett viktigt och bra steg. Men det behövdes ytterligare verktyg.

Tyvärr är kriminalvården tämligen odugliga när det kommer till att behandla psykisk ohälsa. Det finns program för missbrukare, våldsprevention, attitydförändringar och dylikt. Men jag var en udda fågel. Inget kriminellt förflutet, inget missbruk och skapligt sunda värderingar. Nästa steg var därmed aningen diffust.

Jag fick träffa en psykolog vid två tillfällen. Men alliansen mellan oss kändes inte bra alls. Redan från början fick jag en dålig känsla av honom. Istället för att fortsätta hos psykologen fick jag gå och prata med fängelseprästen regelbundet. Det var något som var väldigt givande och nyttigt. Hon var väldigt human och utmanade mig och mina tankar. Men samtidigt så försökte hon inte frälsa mig.

Tack vare det geografiska läget ökande även besöksfrekvensen. Familjen och vännerna fanns kvar och brydde sig om mig. Jag fick pengar, böcker och nyttoprylar i samband med att de hälsade på. Nu stod det helt klart för mig att jag hade tänkt väldigt skevt genom åren. De skulle verkligen inte överge mig när jag visar sårbarhet och behöver dem som mest.

Så småningom blev jag förflyttad till anstalten i Österåker. Det var inte något som hade hänt så att det blev "knall". Det bedömdes att mitt behov av psykologisk behandling kunde tillgodoses bättre där. Det visade sig stämma. Jag fick träffa en bra psykolog som öppnade nya tankedörrar i mitt huvud.

Dagarna på Österåker skilde sig inte nämnvärt mot de tidigare dagarna under min tid av förvaring. Anstalten var dock sliten, cellerna var trängre och attityden bland de intagna var lite hårdare. Men i övrigt var det sig likt.

Efter en vecka blev jag förflyttad igen. Inom samma anstalt den här gången. På området finns en "öppen avdelning". Det är en paviljong där det är en lägre nivå på säkerheten. Vi blev inte inlåsta i cellerna på kvällen. Bara på respektive avdelning. Vi kunde gå ut på promenad när som helst på dagarna. Vi hade tillgång till gym och TV-spel. En betydligt drägligare tillvaro. Även om känslan av att vara frihetsberövad fortfarande var tärande. Det ska den såklart vara. Man sitter av ett straff. Känslan av att när som helst kunna få lämna urinprov naken, bli visiterad, inte kunna ringa vem som helst, inte kunna besöka vem som helst, inte använda internet och att någon annan bestämmer över dig. Där har ni essensen i straffet. Den var likadan var jag än befann mig under den här tiden.

Dagarna gick och jag började få permissioner. Först en tillsammans med en vårdare. Sen blev det längre och längre "ledigt" på egen hand. Jag började min återanpassning till samhället. En av de bästa sakerna var att jag kunde fira julen tillsammans med min familj. Det gav väldigt mycket glädje och energi för de sista månaderna av strafftiden.

Första delen av 2017 blev nästan som en sorts defilering. Jag kunde se mållinjen. Några månader tillbringades på en öppen anstalt som heter Asptuna. Den påminner mycket om paviljongen på Österåker. Vi fick laga mat själva på avdelningen där vi bodde. Begränsningarna var inte fullt så omfattande.

Anstalten låg vid en sjö och det fanns ett vandringsstråk i ett skogsområde. På sommaren kunde man bada i sjön. Tyvärr var det vinter när jag var där. Det fanns frihet, men alla fångarna var elektriskt övervakade med fotbojor. Tydligen så hade det även funnits en båt i sjön tidigare. Den hade de dock tagit bort eftersom några snillen hade rott över sjön och stulit en TV i en sommarstuga. Det var dock lite svårt för dem att förklara hur det kom sig att en stor TV låg under sängen i en av snillenas cell. Knall å det grövsta och ingen båt.

Asptuna passerade och jag fick möjlighet till en bra utsluss. Jag hamnade på ett halvvägshus i Hässelby. Där fick jag möjlighet att gå en arbetsmarknadsutbildning. Tiden för utevistelse och permissioner ökade. Semifrihet för att vara redo för riktig frihet.

När jag var ensam med mina funderingar på insidan ägnade jag även mycket tid åt att lyssna på radio. I början av april 2016 släppte Håkan Hellström en låt som heter "Din tid kommer". De orden blev som ett mantra för mig och hängde med hela vägen. Jag fick texten inskickad till mig. "Res dig efter varje smäll". Det var precis vad jag skulle göra.

Min tid kommer.

Del två:
Nutid

Att hitta svaren

Den 21 maj 2017 började mitt nya liv på riktigt.

Jag muckade, som det kallas. ("Muck" kommer från ordet "mukk" som på romani betyder "fri".) Ett par vänner hämtade mig på halvvägshuset. Känslan av frihet blandades med förväntningar och förhoppningar. I Sverige avtjänar man två tredjedelar av sitt straff på anstalt eller annan institution. När jag blev villkorligt frigiven hade jag således varit i den artificiella verkligheten i fjorton månader.

Mina förutsättningar var bättre än många andras. Jag var på anställningsintervju under min sista permission och det var i princip klart att jag skulle få jobbet. Min familj och mina vänner ställde upp på mig till hundra procent. Det ordnade sig med bostad. Många av de som jag träffade på insidan skulle komma ut till något helt annat.

Efter frigivning blir man satt under övervakning hos Frivården. I mitt fall blev övervakningstiden satt till ett år. Under den tiden fick jag träffa en frivårdare regelbundet. Det var en väldigt sympatisk herre som dock blev lite ställd, även han. Tanken är att man ska jobba med risker som finns för återfall i brottslighet under övervakningen. Behöver man lära sig att kontrollera ilska? Behöver man bryta någon form av social isolering? Återigen blev jag en udda fågel. Men det löste sig bra tycker jag. Frivårdaren byggde ihop ett specialprogram åt mig, baserat på KBT. Med facit i hand var det ett riktigt bra alternativ. Min självkänsla var fortfarande låg. Jag behövde hjälp med att börja tänka i nya banor.

Efter att övervakningstiden tog slut stod jag helt på egna ben. Givetvis fanns min stöttande omgivning kvar. Men det var inte längre självklart var jag skulle hitta den professionella hjälpen. För visst fanns det mycket kvar att jobba med gällande den psykiska hälsan. Jag försökte på lite olika sätt. Nu förstod jag att det var via primärvården som man ska gå. Kontakt togs med min hälsocentral och jag fick träffa en psykolog. Men det kändes inte helt hundra. Det klickande inte riktigt. Det låste sig när jag skulle berätta om allt.

Jag tog mig en funderare och bestämde mig för att byta hälsocentral. Det tror jag är något viktigt att tänka på. Var inte rädd för att testa olika alternativ om ett inte känns bra. Vägen till att få hjälp är inte spikrak och det är helt okej att köra i diket. Stanna till och fundera. Vad kan jag göra annorlunda för att undvika diket? På den nya hälsocentralen fick jag träffa en kurator som genomskådade mig redan när vi hälsade. Jag insåg att det inte var någon idé att ens försöka hålla tillbaka något inför henne. Vårt första samtal kan sammanfattas ungefär så här:

Jag måste "få ner andningen".
Jag har "en stor kapacitet och är väldigt intelligent - men det finns även ett nyfiket barn i mig, som vill lära sig mer om saker som det inte förstår".
Jag har "en komplicerad anknytning, som gör det svårt för mig att släppa folk nära".

Jag har "en copingstrategi för att hantera ångest som kan liknas vid följsam. Jag är vänlig, omtänksam och vill vara folk till lags. Men var hamnar JAG i det här?"
Första samtalet. En timme. Hon var onekligen en bra människokännare.
Skrämmande bra.

Genom våra möten utmanade hon mitt tankesätt totalt. Hon ställde de jobbiga frågorna och sade de nödvändiga sakerna. Det behövdes verkligen. För även om jag mådde otroligt mycket bättre vid det här laget, än vad jag gjorde vid kraschen, fanns det fortfarande en hel del att jobba med.
Självkänslan blev ett fokusområde.

"Du måste vara försiktig med vad du tänker och säger om dig själv - du lyssnar på dig själv hela tiden. Hur tror du att någon i din omgivning skulle må om du sa samma saker till den, som du tänker om dig själv - samtidigt som den personen går runt och är snäll, följsam och omtänksam mot alla andra?" Min fogliga sida. Jag ville ha uppskattning och bekräftelse. Så var det fortfarande.

Det känslomässiga hålet var en trivsam boning för ångesten. Jag ville fylla det med att vara behövd i stället. Men ångest är en flexibel jäkel som inte riktigt bryr sig om det blir trångbott. Den stannar ändå.

Vi ägnade en hel del tid åt att prata om anknytning. Om den anknytning som jag fick som barn. Jag hade ingen dålig eller otrygg uppväxt på något sätt. Mina föräldrar var bra föräldrar utan tvekan. Men förmågan att uttrycka känslor och mående fanns inte där. Naturligtvis så har det sin orsak i att de inte fick lära sig det under sin uppväxt heller. Helt plötsligt började saker falla på plats. Jag var en känslig liten pojke som hade otroligt mycket inom mig - som jag inte kunde uttrycka. För att hantera det som kokade inom mig blev det viktigt att vara omtyckt, hjälpsam och ställa upp för andra. Att känna mig bekräftad och behövd.

Osäkerheten var dock påtaglig. Jag blev både den som klänger för mycket och den som drar när det kommer till relationer. Jag hade svårt att släppa någon nära eftersom jag inte ville visa det som fanns inom mig. Jag visste ju inte riktigt vad det var som hände därinne. Jag blev svartsjuk eftersom det kändes orimligt att någon skulle nöja sig med mig. Hon behöver inte mig lika mycket som jag behöver hennes bekräftelse. Inte så konstigt att det blev ohållbart.

Men kuratorn gav mig hopp. "Det är aldrig för sent att skapa en trygg barndom" var hennes budskap. Allt går att laga. Det var både frustrerande och omtumlande att börja förstå saker. Hur allt hängde ihop. Känslan var att jag hade levt ett helt liv med begränsad kapacitet. Jag hade inte kunnat använda mina styrkor, eftersom jag inte förstod dem till fullo. I stället blev de begränsande faktorer. De gjorde mig sårbar och skör i stället för att få mig att blomma ut. Samtidigt så var det väldigt häftigt. Jag fick en ritning som gjorde att jag kunde börja bygga ihop högarna av brädor och tegel - till något hållbart och vackert. Något för den händige - det fanns en enorm potential.

Mötena blev en riktigt framgångssaga. Jag blev bättre och bättre på att bryta negativa tankemönster. Jag fick inte panik över att känna ångest. Det blev lättare att vara rationell i tankarna – jag blev en sund vuxen. Solen kommer att gå upp imorgon också, även om jag misslyckas med det här eller om det här dåliga faktiskt händer.

Depressionen kom dock fortfarande smygandes med jämna mellanrum. Ibland omfamnade den mig totalt. Det blev inte lika illa som det hade varit, men det var ändå enorm påfrestande. Vid det här laget hade kuratorn börjat ställa frågor och fört resonemang kring om det kunde finnas något mer än "bara" en depression hos mig. Jag blev remitterad till psykiatrin där det skulle göras en utredning. Efter samtal, intervju med farsan, genomgång av journaler och självskattningar fick jag beskedet att jag har diagnosen bipolär typ två.

Vilken lättnad det var! Det kändes som en förklaringsmodell, snarare än en diagnos. Helt plötsligt blev det lättare att förlåta sig själv för alla historiska "fuck ups".

Vägen tillbaka

Ännu en ny fas tog sin början. Rutiner och kunskap är nycklar för att kunna leva ett bra liv när man har diagnosen bipolär. Det var förmodligen rutinerna i fängelset som gjorde att jag ändå klarade mig helt okej under tiden på insidan. När detta skrivs så håller jag fortfarande på att upptäcka vilka rutiner som behövs för mig. Jag har fått mediciner och går i gruppterapi. Det dippar fortfarande. Men allt är hanterbart på ett aldrig tidigare skådat sätt.

Depressiva skov kommer då och då. Men jag får inte panik på samma sätt. Ångest över att ha ångest blir verkligen inte bra. I stället har jag snarare börjat omfamna depressionen. Det är jobbigt som sjutton, men jag vet att det går över. Jag behöver inte lägga tankeenergi på att fundera på vad det beror på och när det ska ge sig. Det är till och med så att jag har gett min depression ett namn. Ove Sundberg, efter Henrik Dorsins karaktär i TV-serien Solsidan. Han är dryg och jobbig som bara den. Men han kommer inte stanna för alltid. Till slut går han hem. Känslan av att ha förmågan att tänka "Nämen hej Ove. Är du här igen och förpestar tillvaron?" gör allt lite lättare.

Det tog ett tag efter frigivning innan jag hittade rätt väg. Men det gick ändå bra i livet. Jag fick jobbet som jag var på intervju för. Rutiner är guld. Så jag trivs bra med att ha tider att passa, kollegor att tjata med och även känslan av att göra nytta. Vara behövd. Det finns kvar. Men det är inte det viktigaste längre. När jag började arbeta funderade jag en hel del på hur pass öppen jag skulle vara med min historia. Det finns sidor på nätet som lägger ut domar. En googling skulle göra att de ändå fick reda på den biten. Så småningom ville jag berätta min story offentligt. För att på något sätt kunna hjälpa andra som mår dåligt. Jag kom fram till att det var lika bra att berätta. Min chef och hennes chef visste redan om det, så jag satte inte jobbet i sig på spel. Däremot var jag orolig för hur kollegorna skulle ta det.

Efter att ha jobbat i några månader och känt av stämningen lite så var det dags att berätta, så jag tog till orda på ett teammöte. Dittills hade jag väl inte direkt ljugit om min bakgrund, men jag hade friserat lite. Typ tagit bort två års händelser. Det var blev en enorm lättnad att få lägga korten på bordet. Vardagen blev bra mycket enklare. Jag behövde inte dölja eventuellt dåligt mående eller bita mig i tungan när jag kom på något som hade hänt på insidan. Kollegorna var helt fantastiska i hur de tog emot alltihop. Jag tror att det var ett smart drag att vänta någon månad. Nu hade de fått lära känna den riktiga Janne. Det hade kanske inte blivit riktigt lika bra om jag hade stövlat in första dagen och sagt "Janne heter jag. Jag har försökt tag livet av mig och muckade från kåken för en månad sen..." Mitt tips till er andra som är i en liknande situation är väl att vara så öppen som ni känner är rätt för er.

När vardagen började infinna sig på riktigt blev jag mer och mer bekväm. Vårdkontakterna började ta sig, som jag brukar säga. (Det är egentligen mordbrännaren som brukar säga så. Självdistans och humor är väldigt viktigt för mig.) Plötsligt öppnades möjligheten att få börja berätta offentligt. En av de lokala tidningarna ville göra ett reportage om mig. Om den psykiska ohälsan, brottet, straffet och vägen tillbaka. Även här infann sig en tvekan. Jag hade inte ens velat ha en permission i

Gävle, eftersom jag oroade mig för hur snacket skulle gå på stan. Att gå ut med allt i tidning kändes väldigt läskigt. Men samtidigt så var det precis den vägen som jag ville ta.

Kärleken som östes över mig efter reportaget går inte att beskriva. Okända människor hörde av sig och gav mig beröm. Jag blev omtumlad. Minst sagt. Den överhängande känslan var dock återigen lättnad – och stolthet. Det var möjligt för mig att göra skillnad och nå fram till folk. Så himla fränt.

Att vara öppen och offentlig med det här har blivit som en förlängning av terapin. Jag har känt stor skam för brottet och konsekvenserna för familj och vänner, samt att jag har kostat skattebetalarna onödigt mycket pengar. Det har dessutom varit svårt att förstå hur det kunde bli så här. Särskilt som min moraliska kompass i vanliga fall har en tendens att peka väldigt långtifrån kriminalitet. Jag går inte ens mot rött. Så att berätta för andra och på något sätt åstadkomma en förändring har blivit ett sätt för mig att sluta fred med mig själv. Likaså har biten med att få sätta ord på allt varit viktig ur ett egoistiskt perspektiv.

Efter reportaget i lokaltidningen öppnades fler arenor för mig. Jag fick prata med Stina Wollter i hennes program på Sveriges Radio P4. Jag har uppmärksammats i lokaltidningarna vid flera tillfällen. Jag har fått vara med i Sveriges Televisions Morgonstudion. Vilka fantastiska möjligheter! För varje gång som jag har varit med i media stärks självkänslan och övertygelsen om att jag gör något bra. Det är väldigt ovana känslor. Tiden före kraschen fanns det inte på kartan att ens tänka i de här banorna!

En annan viktig sak för att processa allting har varit att stänga vissa dörrar. Jag har inte fixat att besöka brottsplatsen än, för att försonas med den. Däremot så har jag, genom en efterlysning via sociala medier och lokalradion, fått kontakt med personen som ringde polisen när jag låg i snödrivan. Det var väldigt känslomässigt att få träffa honom. Men samtidigt väldigt välbehövligt.

Tiden är kommen

Ännu en möjlighet har öppnats rätt nyligen. Jag har fått förmånen att bli ambassadör i föreningen (H)järnkoll. Det är en förening som gör precis det som jag vill göra. De jobbar för att bryta tabun och stigmatiseringen kring psykisk ohälsa. Uppmuntrar folk att prata om det. Som ambassadör får jag möjlighet att komma ut och föreläsa om min egen berättelse. Det arrangeras även events och paneldiskussioner där ambassadörer medverkar. Den här boken är en form av fördjupning av det jag berättar om när jag föreläser.

(H)järnkoll är en rikstäckande organisation. Jag kan verkligen rekommendera arbetsgivare, skolledningar, föreningsaktiva och dylikt att gå in på hjarnkoll.se och kolla om det finns en ambassadör som ni skulle vilja boka in en föreläsning med. För att öka förståelsen, öppna sinnena och bli mer insatt i ämnet psykisk ohälsa med en historia som är direkt upplevd.

Min presentation på hemsidan ser ut så här:

"I Janne Hefflers föreläsning får vi följa med på en resa som har kantats av depression, självhat, suicidförsök, ångest och fängelsevistelse. Den ledde till slut fram till diagnosen bipolär typ två och strategier för en fullt fungerande tillvaro.

Janne föddes i Gävle 1978 och växte upp i ett funktionellt hem. Mat på bordet, ömma föräldrar och trygghet. Men känslor och psykiskt mående var ingenting som man hade förmågan att prata om.

En serie traumatiska händelser ledde till att den inre tryckkokaren exploderade. Han hamnade längre och längre ner i den mentala avgrunden. Som ett sista rop på hjälp begick han ett brott för att fly från livet.

Hjälpen kom. Redan i polisbilen började de emotionella murarna raseras. Det fanns inte längre något att förlora. Han började prata om hur han egentligen mådde. Tiden i fängelset ledde till kontakt med en präst och en psykolog. Det öppnade många dörrar i Jannes inre. Efter avtjänat straff tog han tag i det inre kaoset på allvar. Via en kurator på hälsocentralen kom Janne i kontakt med psykiatrin. Efter en utredning konstaterades att han har diagnosen bipolär typ 2.

Redan vid frigivning hade Janne ett jobb, vilket har varit en viktig del för att kunna hitta strategier i vardagen. Det, tillsammans med terapi och mediciner, har gjort att han ser positivt på livet och har drömmar om framtiden.

Janne berättar på ett utlämnande och öppet sätt om svårigheterna som hans psykiska ohälsa har inneburit, men även om att det inte är något hinder. Även med en diagnos går det ha roligt. Han vill öppna tankedörrar och förmedla budskapet att du aldrig är så ensam som du känner dig."

Det är så klart inte alltid guld och gröna skogar. Livet pendlar. Som det gör för alla. Mina dippar kan fortfarande bli himla jobbiga och jag får titt som tätt kämpa för att inte börja älta och börja racka ner på mig själv. Skillnaden är att hur långt ner jag än faller så är det långt från källaren. När jag är i ett hypomant skov är jag uppe på tredje våningen i huset. Vid "normaltillstånd" går jag ner till andra våningen och när ett depressivt skov infinner sig ligger jag på golvet på entréplan. Men källardörren förblir stängd.

Del tre:
Tips och tricks

Tyvärr finns det ingen universallösning för att ta sig ur depressioner och mörka perioder. Varje krasch är unik och personlig. Det som har fungerat för mig är kanske värdelöst för andra. Jag skulle ändå vilja ta upp saker och tankar som har varit viktiga för mig. Ta med er det som känns bra.

Skyddsnätet

Svårt att påverka, så klart. Alla har inte en familj som de kan eller vill prata med. I såna fall finns det kanske en vän eller en kollega som du kan prata med. Jag vågade till slut berätta. Du är aldrig sjukare än dina hemligheter. Trollen spricker när de släpas fram i dagsljuset. Det finns människor som bryr sig om dig och de skulle inte döma dig om du berättade om ditt mörker och kaos. Du är inte ensam - även om det känns så. Våga be om hjälp. Det är en styrka att vara svag.

Ingen alkohol

Alkoholfritt är en bra grej. Det fanns perioder då jag självmedicinerade med alkohol och det blev ofta för mycket. Då förstärktes de dåliga känslorna och vanlig ångest fick sällskap av kemisk ångest. Idag skippar jag alkohol helt och hållet när jag mår dåligt.

Lyssna på personen

Om du är mottagaren när någon berättar kan det vara svårt att hantera det som kommer till ytan. När någon börjar berätta kan det bli jobbigt. Man vet inte riktigt vad som ska sägas eller göras. En rädsla infinner sig. Jag tror att det bästa du kan göra som närstående är att bara lyssna. Lyssna och framförallt höra. Tänk på du har två öron och en mun. Så en 2-1-ratio i samspelet tror jag på.

Ta inte över när någon öppnar sig. Där och då behöver du inte börja berätta om dig själv och dina erfarenheter. Börja inte automatiskt ge råd. Även om det är i all välmening. Var lyhörd. Låt personen som pratar bubbla ur sig.

Efterfrågas ett råd? Många gånger behöver den som pratar bara sätta ord på sina tankar. Sväva inte iväg och börja fundera på ett svar medan personen pratar. Lyssna och hör i stället. Det är inte lätt att lyssna och höra. Men jag tror att det är som med andra tankemönster och "ovanor" - det går att träna upp.

När man mår riktigt dåligt är det i princip omöjligt att ändra på den negativa spiralen. Det behövs ordentlig hjälp för att bryta den. Ett käckt "ryck upp dig" eller "ta en promenad" och liknande är en käftsmäll och ett hån. Säg aldrig så till en person som är i en depression. Aldrig någonsin.

Om det börjar skaka lite hos mig, som att det är en spiral på gång, brukar jag försöka tänka på lite saker. Kanske hittar du något som passar dig i följande meningar:

- Sänk kraven på dig själv.
- Ät chips och glass till frukost om du vill.
- Var egoistisk ibland.
- Sätt gränser.
- Gör sånt som du mår bra av - inte sånt som du tror att andra förväntar sig av dig.

I slutet av dagen är du i alla fall bäst. För du är här nu.

Jämför dig inte med andra. Fina bilder i sociala medier och en snygg yta behöver inte betyda att andra mår bra. Det spelar liksom ingen roll hur mycket en bajskorv poleras. Det är fortfarande en bajskorv.

För att ytterligare betona att vi är många som mår dåligt, så skulle jag vilja skriva lite om suicid och hur tankarna gick hos mig när det var som värst.

Det är jättesvårt att förklara. Men jag tänker att oavsett hur jävligt det har varit en tid så brukar det ändå finns ett uns av livslust och kanske till och med livsglädje. De bitarna saknades helt hos mig under flera månaders tid. Föreställ er känslan av att absolut ingenting spelar någon roll. Ingenting är viktigt eller angeläget för dig. Du känner ingenting förutom en oändlig uppgivenhet och ett totalt mörker. Det gör fysiskt ont i kroppen när du andas. Ångesten ligger som ett betongblock över bröstkorgen. Du tror på allvar att folk runt omkring dig skulle må bättre om du inte fanns. Det blir en sanning eftersom allt du tror på är din egen inre röst. Och den hör du dygnet runt. Den går inte att stänga av eller avbryta.

Suicid väljs inte. Handlingen inträffar när smärtan överskrider resurserna att hantera smärtan.

Många tänker nog att suicid är en egoistisk och självisk handling. Den som tar livet av sig väljer att fly från allt och lämnar nära och kära i stor sorg. Jag har också tänkt så. Men när jag var som längst ner i källaren trodde jag bara på att världen skulle vara bättre för alla om inte jag fanns i den. Jag tänkte att jag inte ville belasta folk med mina bekymmer. Alla har det ju mer eller mindre tufft – varför ska jag pracka på dem min skit? Jag kunde tänka "Om jag dör nu, undrar hur lång tid det tar innan någon märker det?" Fredagar var värst. Ingen kommer att märka något förrän på måndag. Det var så mörkt och förvridet i själen att jag såg suicid som en totalt osjälvisk handling. Som höjden av altruism. Något val fanns inte.

Nu förstår jag hur otroligt snett jag tänkte. Den ologiska logiken satte allt rimligt ur spel. Dessutom är jag numera helt övertygad om att världen är lite bättre med mig i den.

Många av er känner nog igen er i de här tankarna. Hoppas att mina ord kan ge er åtminstone en strimma av ljus. Jag vet att det kan kännas som den enda utvägen. Det är bara mörkt och det som under normala omständigheter ger dig ljus betyder inte ett skit. Eller rättare sagt; det betyder fortfarande mycket – men det hjälper inte. Fast det är ingen bra lösning. Det är en väldigt permanent och oåterkallelig åtgärd för ett tillfälligt tillstånd.

Dina nära och kära bryr sig om dig och kommer att bli ledsna när du inte längre finns. Prata med någon som du känner dig bekväm med. Berätta hur du mår. Vad du tänker. Sträck ut handen.

Till er som är anhöriga skulle jag vilja ge några råd: våga ställa de jobbiga frågorna. Ni behöver inte veta vad ni ska säga eller ha några svar. Lyssna. Stanna kvar. Visa omtanke. Bjud in dig själv till den som mår dåligt. Ta med en påse bullar. Diska, handla eller gör något annat vardagligt i hemmet. Även om det inte möts med uppskattning så kan jag nästan lova att det innerst inne är uppskattat. Om de här sakerna inte hjälper behöver du hjälpa till att ta kontakt med vården. Ta personen i handen, hjälp dem att ringa och följ med på möten hos läkare och kurator. När man är på botten är det inte lätt att ta upp luren och ringa ett samtal.

Att skapa en kontakt med sjukvården kan dessutom vara väldigt komplicerat i sig. Min erfarenhet är att vi som har uppförsbacke på det psykiska planet är tämligen värdelösa på att framhäva oss själva. Om någon undrar hur vi mår lägger vi oss med lite tur på en 50%-ig nivå. "Det är lite kämpigt, men det går an". De i vår närhet brukar kunna genomskåda oss och ser kanske 70%. När det kommer till kontakt med vården blir man ofta ganska kritiskt granskad. Så även om man lyckas presentera sitt mående på en 70%-ig nivå känns det som att de bara tar in 50%.

Nu är det här högst personliga och ovetenskapliga spekulationer. Men i de vårdkontakter som jag har haft med anledning av hur jag mår psykisk har jag ofta känt en väldig frustration. Det är frustrerade att få vänta över en vecka på läkartid när man redan har väntat lite för länge innan man tar mod till sig att ringa. Det är frustrerade att inte bli lyssnad på och få symptomet "ser trött ut" i läkarintyget, trots att man försöker berätta om ångest, oro och tidigare problem samt den oro man har för att det ska bli så igen. Med det sagt så tycker jag att det är väldigt viktigt att närstående hjälper till i såna här lägen. Medverka till vården.

Tilläggas bör att personal inom vården gör sitt bästa utifrån förutsättningarna som finns. Det är politik som gör så att de blir tvungna att sålla i ett tidigt skede. Det blir en kamp för att komma genom nålsögat. Många blir motade av en stressad sjuksköterska i telefon. Kommer man väl över tröskeln är risken stor att man blir hemskickad med ett recept på medicin. Striden som utkämpas inombords blir ännu svårare när man till slut sträcker ut handen och ingen tar den. Många gånger känns det som att det krävs att man är suicidal för att de ens ska lyssna på en.

Psykologer vittnar själva om att det enda sättet att vara säker på att få vård är att bli dömd till rättspsykiatrisk vård. Då ska nämnas att inom rättsväsendet är kraven för att få den påföljden riktigt höga. Det räcker inte med djupa depressioner. Så var den sjukes advokat. Stå på er och hjälp till. Det går att hitta rätt i vårddjungeln. Ge inte upp.

Det finns ett flertal organisationer som ger stöd åt både psykiskt sjuka och andra utsatta. 1177 – Vårdguiden har sammanställt en lista över kontaktvägar. Tveka inte att använda den. Både du som drabbad och du som anhörig kan ha stor nytta av att prata med någon som har kunskap och erfarenhet.

Anhöriglinjen

Behöver du stöd i din roll som anhörig eller närstående? Anhöriglinjen är en nationell stödtelefon som drivs av Anhörigas riksförbund. Du kan även mejla.

Telefon: 0200-23 95 00
Mer information finns på anhörigasriksförbund.se.

BRIS för vuxna om barn

BRIS har stödverksamheter för både barn och vuxna. Du som är vuxen och orolig för ett barn i din närhet kan kontakta BRIS vuxentelefon.

Telefon: 0771-50 50 50
Mer information finns på bris.se/for-vuxna-om-barn.

Brottsofferjouren

Du som är utsatt för brott, är närstående eller vittne till brott kan få stöd av Brottsofferjouren.

Telefon: 0200-21 20 19
Mer information på brottsofferjouren.se.

Frisk och fri – Riksföreningen mot ätstörningar

Du som är närstående eller själv har en ätstörning kan kontakta den rikstäckande föreningen Frisk och fri. Föreningen drivs av personer med egen erfarenhet, och har flera lokala avdelningar runt om i landet. Du kan nå dem via chatt, mejl eller telefon.

Du som själv behöver stöd, ring 020-20 80 18
Du som är närstående, ring 0200-12 50 85
Mer information finns på friskfri.se.

Föräldralinjen

För föräldrar eller andra vuxna som är oroliga för barn eller ungdomar i sin närhet. Föräldralinjen drivs av föreningen Mind och de som svarar är utbildade psykologer eller socionomer med lång yrkeserfarenhet.

Telefon: 020-85 20 00
Mer information finns på mind.se.

Jourhavande medmänniska

Ibland behöver du prata om dina upplevelser, tankar och känslor med någon som lyssnar. För dig som söker medmänskligt stöd på natten. Du kan även chatta med jourhavande medmänniska.

Telefon: 08-702 16 80
Mer information på jourhavande-medmänniska.se.

Jourhavande präst

Jourhavande präst är öppen för alla som behöver medmänskligt stöd på natten. Ring 112 och be att få tala med jourhavande präst.

Det går också att mejla eller chatta. Mer information finns på svenska kyrkan.se/jourhavandeprast.

Kyrkans SOS

Du kan kontakta Svenska kyrkans SOS på deras jourtelefon eller mejlbrevlåda. Du bestämmer själv vad du vill prata om, och är välkommen oavsett trosuppfattning och sexuell läggning. De som svarar i SOS-telefonen är vanliga medmänniskor som har tystnadsplikt och är utbildade att ge känslomässigt stöd i svåra situationer.

Telefon: 031-80 06 50
Du kan också skriva till SOS-brevlådan. Då får du svar inom 72 timmar. Inloggning samt information om öppettider med mera hittar du på svenskakyrkan.se/kyrkans-sos.

Kvinnofridslinjen

Anonym stödtelefon för dig som utsatts för hot eller våld. Närstående är också välkomna att ringa. Samtalet är kostnadsfritt och syns inte på telefonräkningen.

Telefon: 020-50 50 50
Mer information på kvinnofridslinjen.se.

Lifeline

Lifeline är en ideell kristen jourlinje där du kan prata om dina tankar, känslor och funderingar om livet och dess mening med en medmänniska som lyssnar. De som svarar har fått utbildning i samtalsstöd. Du kan ringa eller mejla.

Telefon: 010-498 10 10
Mer information på ringlifeline.nu.

Mansjouren

Mansjouren i Stockholm tar emot samtal från hela Sverige. Till dig som behöver prata om relationer, framtid, jobb, barn eller ekonomi. Kommer du inte fram så kopplas du vidare till en telefonsvarare, och kan bli uppringd om du vill det.

Telefon: 08-30 30 20
Mer information på mansjouren.se.

PrevenTell – hjälp vid oönskad sexualitet

PrevenTell är en nationell stödlinje som du kan ringa om du upplever att du tappat kontrollen över din sexualitet och känner oro för dina tankar och handlingar. Du kan också ringa om du är rädd att göra dig själv eller andra illa. Samtalet är kostnadsfritt och syns inte på telefonräkningen.

Telefon: 020-66 77 88
Du kan ringa när som helst på dygnet och lämna meddelande på telefonsvararen. Då blir du uppringd nästkommande vardag. Mer information finns på preventell.se.

Rädda Barnens orostelefon om radikalisering

Hit kan du ringa anonymt om du är orolig över att någon i din närhet håller på att radikaliseras. Du kan även få hjälp om det gäller dig själv. Orostelefonen drivs av Rädda barnen. De som svarar kan ge dig råd och stöd oavsett din ålder eller åldern på den som oron gäller.

Telefon: 020-100 200
Mer information finns på Rädda barnens webbplats raddabarnen.se

SHEDO

Föreningen SHEDO stödjer dig som har ätstörningar eller självskadebeteende. Du kan kontakta dem på en särskild jourmejl eller chatt. De som svarar har egna erfarenheter av ätstörningar eller självskadebeteende, men mår bra idag. Här finns även möjlighet att diskutera med andra i ett slutet diskussionsforum. Ett särskilt forum finns även för dig som är närstående. Mer information finns på shedo.se.

Självmordslinjen

Självmordslinjen drivs av den ideella föreningen Mind som arbetar för psykisk hälsa. Du som känner att du inte vill leva längre eller har någon närstående du är orolig för kan ringa eller chatta anonymt. De som svarar är volontärer som har fått utbildning och handledning för att ge medmänskligt stöd.

Telefon: 901 01
Mer information finns på mind.se.

SPES (Riksförbundet för suicidprevention och efterlevandes stöd)

SPES är till för dig som är närstående till någon som tagit sitt liv. SPES har en telefonjour som du kan ringa till. Alla som du har kontakt med har själva förlorat någon genom självmord.

Telefon: 020 - 18 18 00
För öppettider, information med mera, besök spes.se.

Sveriges Veteranförbund Fredsbaskrarna – Kamratstöd

Fredsbaskrarnas kamratstödtelefon är till för dig som har tjänstgjort i den militära utlandsstyrkan. De som svarar har egen erfarenhet av utlandstjänst och kan ge stöd och råd.

Telefon: 020-666 333
Mer information finns på sverigesveteranforbund.se.

Terrafem

Terrafem är en ideell organisation som arbetar för kvinnors och flickors rättigheter. Terrafem driver den enda rikstäckande jourtelefonen för kvinnor och flickor med utländsk bakgrund.

Telefon: 020- 52 10 10.
Mer information finns på terrafem.org.

Välj att sluta-linjen

En anonym stödlinje för den som vill få hjälp att förändra ett kontrollerande eller våldsamt beteende. Samtalet är gratis och syns inte på telefonräkningen. Den drivs av länsstyrelserna i Stockholm och Skåne samt Manscentrum i Stockholm.

Telefonnummer: 020-555 666
Mer information finns på valjattsluta.se.

Äldrelinjen

Föreningen Minds stödtelefon för dig som är 65 år eller äldre och mår psykiskt dåligt. Äldrelinjen bemannas av utbildade volontärer som har erfarenhet av att ge medmänskligt stöd på telefon.

Telefon: 020-22 22 33
Mer information finns på mind.se.

Slutord

Jag hoppas att den här boken har förmedlat hopp. Även om du inte håller med om allt så hoppas jag att du åtminstone kan ta med dig känslan. Det går att ta sig ur det kompakta mörkret. Som "normalstörd" har du kanske fått dig en och annan aha-upplevelse. Du vågar kanske ställa de jobbiga frågorna nu. Eller så har du som redan vågar fått en subjektiv bekräftelse på att du är på rätt väg.

Om du får möjlighet att någon gång lyssna på en föreläsning med en av (H)järnkolls ambassadörer eller någon annan som pratar om psykisk ohälsa så tycker jag att du ska ta chansen.

Det finns mycket kvar att göra för att bryta tabut som finns kring psykisk ohälsa. Förhoppningsvis kan jag ha stärkt er som kämpar och öppnat ytterligare en dörr för er som vill prata om det utan att folk dömer er.

Tänk om det en vacker dag blir lika naturligt att prata om en bruten själ som att prata om ett brutet ben!

Avslutningsvis vill jag tacka alla nära och kära. Ingen nämnd, ingen glömd. Tack för att ni har min rygg.

Vill ni komma i kontakt med mig så finns jag på Facebook och Instagram under titeln Jannes Tid Kommer.

Den har verkligen kommit nu.